ALGUNS PESCADORES PASSARAM A NOITE TENTANDO FISGAR PEIXES, MAS NÃO CONSEGUIRAM PEGAR NENHUM. QUANDO VOLTARAM PARA A BEIRA DO LAGO, ENCONTRARAM JESUS.

O **SENHOR** ENTROU NO BARCO DE **SIMÃO PEDRO** E DALI COMEÇOU A FALAR, PARA QUE TODAS AS PESSOAS QUE ESTAVAM NA **MARGEM** PUDESSEM OUVI-LO.

QUANDO TERMINOU DE FALAR, JESUS DISSE PARA PEDRO SE AFASTAR DA MARGEM E **LANÇAR A REDE DE PESCA NOVAMENTE.** O PESCADOR LANÇOU A REDE NO MAR, **ACREDITANDO NA PALAVRA DE JESUS.**

EM POUCO TEMPO,
PEDRO PRECISOU CHAMAR
OUTROS PESCADORES
PARA AJUDÁ-LO A TIRAR
A REDE DA ÁGUA, POIS
ELA ESTAVA QUASE
RASGANDO, DE **TANTOS**
PEIXES QUE TINHA.

NESSE MESMO DIA, **PEDRO**
E OUTROS PESCADORES
DEIXARAM SUAS TAREFAS
E PASSARAM A SER
DISCÍPULOS DE JESUS.

ATIVIDADE

LIGUE OS CONJUNTOS AOS NÚMEROS.

1

2

3

ATIVIDADE

DESENHE OS PEIXES NA REDE DOS PESCADORES.

ATIVIDADE

QUAL É O NOME DO PESCADOR QUE SE TORNOU DISCÍPULO?

MANOEL - PEDRO

RESPOSTAS

PÁGINA 12

PÁGINA 13

PÁGINA 14

PÁGINA 15